BEI GRIN MACHT SICH IHR WISSEN BEZAHLT

Bibliografische Information der Deutschen Nationalbibliothek:

Die Deutsche Bibliothek verzeichnet diese Publikation in der Deutschen National-bibliografie; detaillierte bibliografische Daten sind im Internet über http://dnb.d-nb.de/ abrufbar.

Impressum:

Copyright © 2021 GRIN Verlag
Druck und Bindung: Books on Demand GmbH, Norderstedt Germany
ISBN: 9783346494030

Dieses Buch bei GRIN:

https://www.grin.com/document/1128771

Raphael Lang

Forschung und Entwicklung in Sportmärkten. Ein Überblick im eSports Bereich

GRIN Verlag

GRIN - Your knowledge has value

Der GRIN Verlag publiziert seit 1998 wissenschaftliche Arbeiten von Studenten, Hochschullehrern und anderen Akademikern als eBook und gedrucktes Buch. Die Verlagswebsite www.grin.com ist die ideale Plattform zur Veröffentlichung von Hausarbeiten, Abschlussarbeiten, wissenschaftlichen Aufsätzen, Dissertationen und Fachbüchern.

Besuchen Sie uns im Internet:

http://www.grin.com/

http://www.facebook.com/grincom

http://www.twitter.com/grin_com

Deutsche Hochschule für
Prävention und Gesundheitsmanagement

Einsendeaufgabe

Fachmodul: Forschung und Entwicklung in Sportmärkten

Studiengang: Master of Arts Sportökonomie

Datum

Name, Vorname: Lang, Raphael

Studienort: **München**

Semester: **Sommer 2020**

Inhaltsverzeichnis

1 Trend-, Markt-, Konsumentenforschung am Beispiel eSport

1.1 Datenanalyse

1.1.1 Beschreibung von eSport

Tab.1: Beschreibung von eSport

eSport	Der eSport ist der unmittelbare Wettkampf, in dem menschliche Spieler/innen, durch die Nutzung verschiedener Videospiele und Computerspiele auf unterschiedlichen Geräten und digitalen Plattformen, unter bestimmten Regeln gegeneinander antreten (esportbund, 2018). Die sportliche Herausforderung besteht darin, dass die Spieler/innen eine hohe motorische Leistung, am jeweiligen Endgerät haben müssen. Sie müssen zusätzlich eine hohe Reaktionsfähigkeit auf die Bildschirminhalte haben und eine hohe gedankliche Beherrschung des Spielablaufs erbringen (esportbund, 2018).
eSport Games	**League of Legends:** - ist das beliebteste eSport Game der Welt - ist ein Multiplayer online Game - 33 Millionen Zuschauer bei der Weltmeisterschaft 2019 **Counter Strike:** - Ist ein Ego-Shooter - Mit League of Legends das beliebteste eSport Game der Welt **Dota 2:** - Gilt als komplexestes eSport Game der Welt - Mit „The International" das hochdotierteste eSport Event der Welt (esportbasis, 2019)

1.1.2 Organisation von eSport

Tab.2: Organisation von eSport

Verbandsstrukturen	- Der **eSport-Bund Deutschland e.V. (ESBD)** repräsentiert den organisierten eSport und seine Spieler/innen in Deutschland (esportbund, 2018). Der ESBD ist für die sportliche Ausgestaltung von eSport und die Belange der Spieler/innen zuständig (esportbund, 2018). - Die **International eSport Federation (IeSF)** ist die Vernetzung aller nationalen eSport Verbände (sportbusinessmagazin, 2019).
Ligensysteme	**Internationale Ligen:** - The International: ist die bekannteste eSport Liga der Welt (Ority, 2021).

	- League of Legends Championship Series (LCS): hat die meisten Zuschauerzahl im eSport (Ority, 2021). - Overwatch League: wöchentliche Matches, bei dem Teams im Play-off System um den Titel spielen (Ority, 2021). - ELEAGUE: wird Counter Strike gespielt und in Gruppenphasen, um einen Platz für die Play-offs gekämpft (Ority, 2021). - ESL Pro League: Wettbewerb für die beliebtesten Titeln (Ority, 2021). - Fortnite Champion Series: Um an der Liga teilnehmen zu können, muss man Hype-Punkte im Spiel Fortnite sammeln, mit denen man dann Aufsteigt (Ority, 2021). **Deutsche Ligen:** - Deutsche eSport Bundesliga (DeSBL): jedes Team spielt in der Regel ein Spiel pro Woche und somit kommen zwischen 10 und 20 Spieltage zusammen (desbl, 2021). - Electronic Sports League (ESL): ist die weltweit führende Plattform im eSports. 11.663.737 Mitglieder haben 22,793,736 Matches in 134,529 Turnieren gespielt (eslgaming, 2021).
Clans	Ein Clan ist eine organisierte Mannschaft bzw. organisierter Verein im eSport, die gemeinsam bei Turnieren antreten (Ority, 2021). Eines der größten Clans im eSport ist der FaZe Clan, die sogar Jerseys und eigenen Merch anbieten (Ority, 2021).
Unternehmens und Vereinsabteilungen	**Vereine die eine eSport Abteilung haben:** (esports, 2021) - VFL Wolfsburg, FC Barcelona, Ajax Amsterdam, FC Augsburg, FC Schalke 04, AS Monaco, FC Bayern, Galatasaray Istanbul, West Ham United, Werder Bremen, Manchester United, Bayer Leverkusen, **Unternehmen dienen eher als Sponsor:** (Handelsblatt, 2018) - DHL, SAP und Vodafon sind als Sponsoren schon eingestiegen
Teams	**Deutschland:** - SK Gaming: ältestes deutsche eSport Team (1997) - WE ARE BIG - NIGMA - Unicorns of Love - PENTA - Euronics Gaming **International:** - G2 Esports - Evis Geniuses - Team Liquid - Fnatic - Natus Vincere

Events/Preisgeld	-	**ESL Meisterschaft:** ist die Königsklasse im deutschen eSport, insgesamt vier Disziplinen (Counter Strike, Dota 2, WarCraft Reforged, Clash of Clans) (eslgaming, 2021). In der 43 Saison wurde ein Preisgeld von 3.794.000€ ausgeschüttet (eslgaming,2021).
	-	**The International 2019 (Dota 2):** Mit Preisgeld von 34,33 Millionen Doller (Statista, 2021)
	-	**Fortnite World Cup Finals 2019 – Solo:** Mit 15,29 Millionen Dollar Preisgeld (Statista, 2021)
	-	**PGI.S 2021 Main Event:** 7,07 Millionen Dollar Preisgeld (Statista, 2021)
	-	**LOL 2018 World Championship:** 6,45 Millionen Dollar Preisgeld (Statista, 2021)
	-	**Honor of Kings World Champion Cup 2020:** 4,61 Millionen Dollar Preisgeld (Statista, 2021)

1.1.3 Multiplikatoren

Tab.3: Multiplikatoren

Kanäle und Medien	
Twitch	- Größte Streaming-Plattform der Welt - Über 15 Millionen Nutzer täglich - Start: Juni 2011 (ingame, 2021)
YouTube Gaming	- Seit 2015verfügbar (seit 2016 auf Deutsch) - Auf Videospiele spezialisiertes Angebot - Livestreams und aufgezeichnete Videos (it-times, 2021)
Sport1: Free TV	- Highlight-Sendung zu den beliebtesten eSport Titeln - Startschuss Juni 2016 mit der Live Übertragung des Finals der ESL One Frankfurt, gefolgt von weiteren großen Events (sport1.2020)
Facebook	- Auf der Facebook Seite „Live Esports", mit 253.565 Abonnenten (Stand:21.06.2021) (Facebook, 2021)
eSPORTS1	- 24/7 eSport - Live Content - Analysen & Insights - Magazin Sendungen (esports1, 2021)

1.1.4 Marktdaten

Tab.4: Marktdaten

Marktdaten	
Marktanteil	- 1,6 % der 14 bis 49-jährigen - 5,3 % der 20 bis 29-jährigen (Game, 2017)
Reichweite	- 16,5 Millionen Deutsch haben schon mal von eSport gehört und kennen seine Bedeutung - 3 Millionen Deutsche schauen einmal im Monat e-Sport-Spiele oder spielen selber - 23 % sind 10-20 Jahre alt, 48 % 21-35 Jahr alt, 25 % sind 36-50 Jahre alt und 5 % sind 51-65 Jahre alt (Game, 2017)
Einschaltquoten	- Weltmeisterschaftsfinale von League of Legends mit 3,96 Millionen Zuschauer - Weltmeisterschaftsfinale von Fortnite mit 2,3 Millionen Zuschauer - Free Fire World Series (Battle Royal): 2 Millionen Zuschauer - The International (Dota 2): 1,9 Millionen Zuschauer (fragster, 2020)
Zuschauerzahlen	- 2019: 397,8 Millionen Zuschauer - 2020: 435,9 Millionen Zuschauer - 2021*: 474 Millionen Zuschauer - 2024*: 577,3 Millionen Zuschauer (Statista, 2021) *Prognose
Umsatzentwicklung	- 2020: 947,1 Millionen Dollar - 2021: 1,084 Milliarden Dollar (Newzoo, 2021)

1.1.5 Charakterisierung von eSport

Der durchschnitts eSportler ist männlich, 23 Jahre alt und hat eine hohe Schulbildung (esportwissen, 2020). Die andere Zielgruppe ist auch Mitte 20 und 20-30 % davon sind weiblich, überdurchschnittlich gebildet und vermögend (esb-online, 2020).

1.1.6 Aktive Spieler

- Drei bestverdienenden eSport Spieler der Welt (ISPO, 2020)

  Platz 1 = Johan Sundstein (N0tail) mit 6.940 222,80 USD gewonnenem Preisgeld

  Platz 2 = Jesee Vainikka (JerAx) mit 6.470.548,78 USD Preisgeld

  Platz 3 = Anathan Pham (ana) mit 6.000.411,96 USD Preisgeld

- Der beste deutsche Spieler ist Kuro Takhasomi (KuroKy) mit 5.190.106,15 USD gewonnenem Preisgeld und ist auf Platz 6 weltweit (ISPO, 2020).

- Höchste Reichweite im eSport (givemesport, 2021)

  Platz 1: XQCOW mit fast 6 Millionen Follower auf Twitch und durchschnittlich 100.000 Zuschauer

  Platz 2: Tommylnnit mit fast 6 Millionen Follower auf Twitch und durchschnittlich 200.000 Zuschauer

  Platz 3: Quackity mit 3,5 Millionen Follower auf Twitch

1.2 Maßnahmenentwicklung

Maßnahme 1: Hauptsponsor eines Teams

Durch das Sponsoring eines Teams generiert die Bank mehr Reichweite. Der Schriftzug und das Logo der Bank wird groß auf den Trikots des Teams zu sehen sein und ist somit für die Streamer präsent. Auch durch eine Verlinkung auf der Internetseite des eSport Teams, wird die Reichweite der Bank erhöht. Auch durch Merchandise des Teams, wird das Trikot mit dem Logo der Bank bedruckt sein

Maßnahme 2: Sponsor eines eSport-Events

Auch durch das Sponsoring eines eSport-Events und den hohen Zuschauerzahlen, kann die Bank mehr Präsenz generieren. Das Logo wird auf Übertragungsrelevanten Flächen platziert und der Bankwerbespot wird in der Pause den Streamern gezeigt. Vor Ort werden die Eintrittskarten mit dem Logo bedruckt und ein Stand der Bank mit Gewinnspiel wird aufgebaut.

Maßnahme 3: Meet and Greet

Ein Meet and Greet in der Filiale der Bank kann mit dem Team organisiert werden, wodurch Fans in die Bank kommen und so sehr viel Verkehr herrscht. Auf den Autogrammkarten wir auch das Logo der Bank zu sehen sein.

1.3 One Pager

Der eSport Bereich findet mehr und mehr an Popularität und entwickelt sich zu einem ernstzunehmenden Sport. ESport wird alleine oder im Team, online oder offline gespielt und ist ein Wettkampf bei dem man Computer- und Videospiele spielt. Die Turniere füllen sogar schon Arenen und werden in der ganzen Welt gestreamt oder im Free-TV gezeigt. Dies ist eine perfekte Plattform für Firmen, um ihre Markenpräsenz noch weiter zu erhöhen. Bei den großen Events, wie „The International" wurde 2019 ein Preisgeld in Höhe von 34,33 Millionen Dollar ausgeschüttet. Auch die Zuschauerzahlen sprechen eindeutig für sich, da es im Jahr 2019 schon rund 398 Millionen Zuschauer waren, wird prognostiziert, dass es im 2024 etwa 577,3 Millionen Zuschauer werden. Am Preisgeld und an den Zuschauerzahlen lässt sich erahnen wie lukrativ dieser Sport für Unternehmen geworden ist.

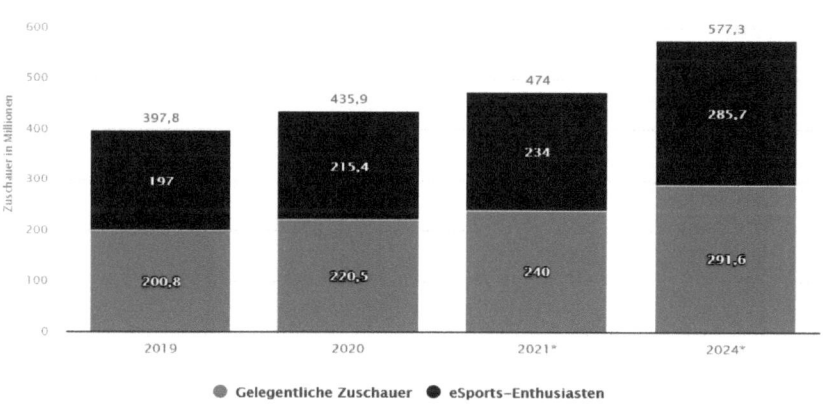

Abb.1: Anzahl der eSport-Zuschauer weltweit (Statista, 2021)

Auch die Umsatzprognose für den eSport liest sich gut. Waren es im Jahr 2020 noch 947,1 Millionen Dollar, erwarten Experten einen Zuwachs von rund 14,5 %, auf ca. 1,084 Millionen Dollar.

Die sSport Welt ist eine stetig wachsende Branche, die man nicht mehr ignorieren darf. Unternehmen müssen sich die Frage stellen, ob sie diese Vermarktungsmöglichkeit verpassen wollen oder ob sie auf den Zug aufspringen und den Trend des digitalen Zeitalters mitgehen. Das Durchschnittsalter der Zuschauer liegt bei Mitte 20 und diese streamen immer mehr, sodass ihnen das normale Fernsehprogramm nicht mehr ausreicht. Deswegen ist es viel lukrativer seine Markenpräsenz auf den Streaming-Plattformen oder den Events zu platzieren, als in Werbung im TV zu investieren.

2 Vereinsentwicklung und Vermarktung

2.1 Argumente für ein Investment im eSport

Tab.5: Argumente für ein Investment im eSport

1.	**Neue Zielgruppe:** Durch die Einführung einer eSport-Abteilung generiert der Fußballverein neue Zielgruppen. Der durchschnitts eSportler ist männlich, 23 Jahre alt und hat eine hohe Schulbildung (esportwissen, 2020). Aber auch 20 -30 % davon sind weiblich (esb-online, 2020).
2.	**Stetiges Wachstum der eSport Branche:** Die Prognose für 2021 ist ein Umsatz bis zu 1,084 Milliarden Dollar, das wäre ein Wachstum von 14,5 % zum Vorjahr, welches bei 947,1 Millionen Dollar lag (Newzoo, 2021). Zusätzlich prognoziziert man 2021 rund 474 Millionen Zuschauer und 2024 rund 577,3 Millionen Zuschauer (Statista, 2021).
3.	**Neue Möglichkeiten des Sponsorings:** Durch die neue Sparte des Fußballclubs können auch neue Sponsoren an Bord kommen.
4.	**Erschließung neuer Märkte:** Da eSport ein Weltweites Phänomen ist, kann der Verein durch die Investition in den e-Sport seine Marke auch weltweit ausbauen.
5.	**Höhere Vermarktungserlöse:** Durch die neue eSport Abteilung kann man neues Merchandise anbieten und somit werden die Erlöse pro Fan erhöht.
6.	**Neue Mitarbeiter:** Durch das Investment in den eSport, schafft der Verein neue Arbeitsplätze

2.2 Risiken im eSport

Tab.6: Risiken im eSport

1.	Der eSport ist noch nicht bei jeder Generation akzeptiert. Die ältere Generation, die nicht Digital aufgewachsen ist und in ihrer Freizeit auch keine Videospiele spielen, sind schwer zu überzeugen.
2.	Ein Imageproblem könnte auch sein, dass Videospiele bei vielen Leuten einen schlechten Ruf haben. Da sie als Suchtgefahr dienen und die Shooter Games schlechter Einfluss für Kinder und Jugendliche sind.
3.	Der eSport hat in den letzten Jahren einen ziemlich großen Aufschwung gehabt, aber da diese Sparte noch relativ jung ist, muss man abwarten ob sich der eSport auf lange Sicht wirklich etablieren kann.
4.	Durch schlechte Leistungen des eSport Teams kann es zu Unruhen bei den Fans kommen und kann sich somit auf die Fußballsparte auswirken.

3 Innovationsmanagement

3.1 Problemerkenntnis

3.1.1 Ist-Situation

Der FC Colonia Mühlheim e.v. bietet mehrere Sportabteilungen wie Fußball, Handball, Tennis, Turnen, Fitness, Gesundheits- & Rehasport, Tischtennis und Leichtathletik an, diese insgesamt einen Rückgang von 6,5 % aufweisen. Zudem ist das Merchandising so gut wie nicht existent und das Marketing ist auch veraltet.

3.1.2 Interpretation der aktuellen Lage

Durch das Gespräch wurden einige Dinge erläutert, warum die Ist-Situation so schlecht ist. Es herrscht ein Mangel an Kinder und Jugendlichen, da außer im Fußball das Durchschnittsalter recht hoch ist. An Veranstaltungen erscheinen nur langjährige Mitglieder, dass das akquirieren neuer, junger Menschen und ehrenamtlichen Helfer erschwert. Auch durch das Vereinsheft in schwarz/weiß, der nicht zeitgemäßen Homepage und der Inaktivität des social Media Bereichs, erscheint der Verein nicht zeitgemäß und somit unattraktiv. Es gibt auch so gut wie keine Merchandise Aktivität, da nur ein Schal angeboten wird und dieser auch nur mit einem Aufsteller bei Heimspielen der 1. Fußball Mannschaft beworben wird.

3.1.3 Auswirkungen

Durch die vielen älteren Mitglieder des Vereins wird das Durchschnittsalter im Verein stetig steigen, dies ist ein Problem, denn wenn keine jüngeren Mitglieder dazu kommen wird der Verein bald überaltert sein. Durch die geringe Attraktivität des Vereins bleiben junge Menschen fern und die Mitgliederzahl wird weiter stetig sinken. Der Verein würde von jüngeren Mitgliedern profitieren, denn diese haben Innovative und Zeitgemäße Ideen, wie man den Verein für die Nachwuchsarbeit attraktiver machen kann. Auch ist der Mitgliederverlust ein Stimmungskiller für die bestehenden Mitglieder, diese dann auch dem Verein eher fernbleiben. Auch der große Wettbewerb der Vereine und Fitnessstudios ist enorm. Diese haben meistens eine zeitgemäße Marketingstrategie und sind von der Ausstattung moderner. Zusammengefasst kann man sagen, dass der Verein aufpassen muss, dass er seine bestehenden Mitglieder nicht auch noch verliert. Dies führt dazu, dass einzelne Vereinsspaten aufgegeben werden müssen und im schlimmsten Fall der ganze Verein vor der Auflösung steht.

3.1.4 Kundensegmentierung

Folgende Kundensegmente konnten dem FC Colonia Mühlheim e.V. zugeordnet werden:

Schüler und Studenten:

Tab.7: Kundensegmentierung Schüler und Studenten

geographische Merkmale	soziodemographische Merkmale	verhaltensorientierte Merkmale
Wohnen, studieren oder gehen in Mühlheim (Köln) oder in einem anderen Stadtteil von Köln in die Schule	- männlich/weiblich/divers - Schüler, Studenten - hat eine große Familie, die sich auch dem Verein anschließen wollen	- macht gerne Sport - will nach der Schule oder Studium eine ehrenamtliche Arbeit im Verein nachgehen - sind oft auf den Social Media Plattformen unterwegs

Berufstätige:

Tab.8: Kundensegmentierung Berufstätige

geographische Merkmale	soziodemographische Merkmale	verhaltensorientierte Merkmale
- wohnen in Mühlheim (Köln) oder in einem Stadtteil von Köln - ist beruflich in Mühlheim/Köln unterwegs	- männlich/weiblich/divers - ist verheiratet, damit sich die Familie auch dem Verein anschließt - gutes Einkommen	- will in der Freizeit ehrenamtlich im Verein arbeiten - macht gerne Sport - Sieht gerne Sportsendung im TV

Senioren:

Tab.9: Kundensegmentierung Senioren

geographische Merkmale	soziodemographische Merkmale	verhaltensorientierte Merkmale
- wohnen in Mühlheim (Köln) oder in einem Stadtteil von Köln	- männlich/weiblich/divers - hat Kinder und Enkelkinder, die sich dem Verein auch anschließen - gesichertes Rent0eneinkommen	- schaut gerne Sportsendungen im TV - ist sportlich aktiv - will in seiner Freizeit ehrenamtlich im Verein arbeiten

3.1.5 Methodenauswahl

Kundensegment Schüler und Studenten – Empathie Karte

Kunde: Markus, 20 Jahre alt, Single, Dualer Student, sucht einen Ausgleich zum studieren und Arbeitsstress

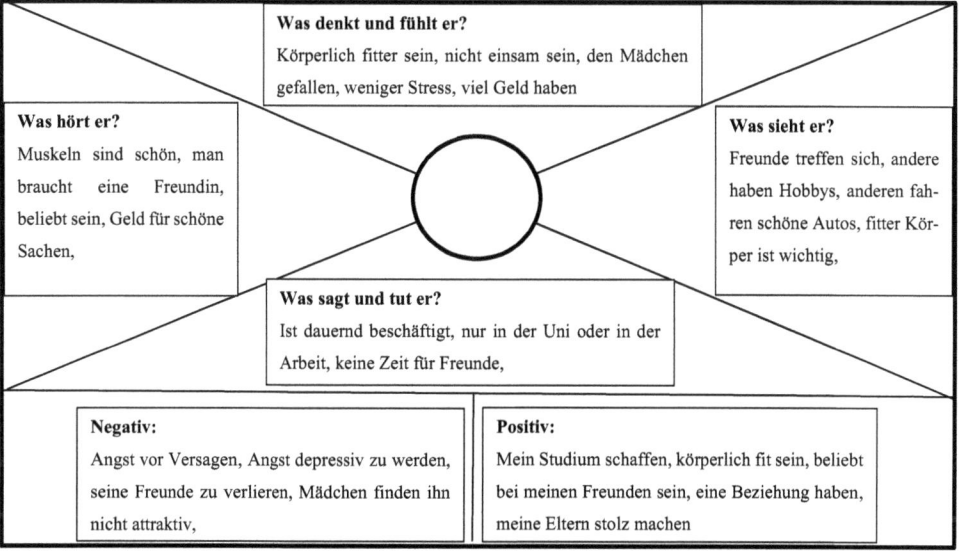

Was denkt und fühlt er?
Körperlich fitter sein, nicht einsam sein, den Mädchen gefallen, weniger Stress, viel Geld haben

Was hört er?
Muskeln sind schön, man braucht eine Freundin, beliebt sein, Geld für schöne Sachen,

Was sieht er?
Freunde treffen sich, andere haben Hobbys, anderen fahren schöne Autos, fitter Körper ist wichtig,

Was sagt und tut er?
Ist dauernd beschäftigt, nur in der Uni oder in der Arbeit, keine Zeit für Freunde,

Negativ:
Angst vor Versagen, Angst depressiv zu werden, seine Freunde zu verlieren, Mädchen finden ihn nicht attraktiv,

Positiv:
Mein Studium schaffen, körperlich fit sein, beliebt bei meinen Freunden sein, eine Beziehung haben, meine Eltern stolz machen

Abb.2: Empathie Karte (modifiziert nach Osterwalder & Pigneur, 2011, S. 134) (eigene Darstellung)

Kundensegment Berufstätige – Persona

Persona Herbert ist 43 Jahre alt, verheiratet, hat zwei Söhne (3 und 9) und einen Hund. Er ist von Beruf Außendienstler in der Elektrobranche und wohnt in einem Stadtteil von Köln, in einem Einfamilienhaus. In seinem Job ist er zeitlich sehr eingebunden, er ist mal für eine komplette Woche weg, da er bei einem Kunden ist und wenn er zu Hause ist verbringt er viel Zeit mit seiner Familie. Er geht sehr gerne seinen Hobbys wie Tennis, Fußball, Golf und Krafttraining nach. In sein Fitnessstudio geht er nicht mehr regelmäßig, da er viel wegen der Arbeit weg ist und wenn er im Fitnessstudio ist, ist es meistens sehr voll und es macht ihm keinen Spaß mehr. In letzter Zeit powert er sich lieber mit Sport aus den er draußen gemeinsam mit seinen Freuden machen kann. Er war sogar schon beim FC Colonia Mühlheim Tennis spielen. Er lässt sich gerne von seiner Familie und Freunden beeinflussen, wovon dann letztendlich seine Kaufentscheidung abhängt.

Kundensegment Senioren – Jobs to be done:

Durch den demografischen Wandel gibt es immer mehr Senioren und das Durchschnittsalter des Vereins wächst weiter. Da der Verein mehr Mitglieder generieren muss und die
älteren Menschen einen Großteil ausmachen, muss der Verein wissen wieso die Senioren
bei dem Verein angemeldet sind und welche Intension dahintersteckt, warum sie die ver-
schiedenen Sportangebote nutzen. Diese Umfrage kann anonym, mündlich oder schrift-
lich durchgeführt werden. Durch diese Erkenntnis kann der Verein dann sein Sportange-
bot weiter anpassen.

3.2 Ideenfindung – Brainstorming

Tab.10: Brainstorming

1.	**Tag der offenen Tür:**
	Um die Bewohner der Stadt wieder auf den Verein aufmerksam zu machen, wird ein Tag der offenen Tür veranstaltet, wo jeder kommen kann und die einzelnen Sportabteilungen vorgestellt werden. Gewinnspiele und auch ein hineinschnuppern der Sportarten wird es geben. Dieses Event soll mit einem gutem Marketingkonzept beworben werden, damit so viele Leute wie möglich kommen.
2.	**Social Media Aktivitäten:**
	Da die Homepage nicht mehr auf dem neusten Stand ist, muss diese wieder Aufgewertet werden und zusätzlich ein Facebook Account und ein Instagram Account veröffentlicht werden. Diese drei Medien sind essenziell wichtig, um mit der jüngeren Generation in Kontakt zu kommen. Jeden zweiten Tag sollte es einen neuen Post auf Facebook und Instagram geben und sie müssen immer auf dem neuesten Stand bleiben.
3.	**Kooperationen mit Firmen:**
	Da viele Unternehmen daran interessiert sind, dass ihre Mitarbeiter lange gesund bleiben, suchen diese nach Kooperationen mit Sportvereinen, wie dem FC Colonia Mühlheim, da dieser ein breites Sportangebot hat und sich die Mitarbeiter in dem Verein fit halten können.
4.	**Modernisierung des Vereinsheftes:**
	Das Vereinsheft ist eine graue Maus. Dieses sollte bunt, mit Bildern und mit spannenden Texten zum Leben erweckt werden. Zusätzlich können die Unternehmen ihre Logos in das Heft platzieren.
5.	**Kooperation mit Schulen:**
	In den örtlichen Schulen sind viele Kinder und Jugendliche, genau diese fehlen dem Verein. Durch die Kooperation können Schulen ihren Sportunterricht oder Wettbewerbe beim FC Colonia Mühlheim austragen. Noch dazu können die Schüler die einzelnen Sportmöglichkeiten im Verein ausprobieren.

3.3 Selektion

Die größte Dringlichkeit herrscht bei dem hohen Durchschnittsalter des Vereins, deswegen ist die Kooperation mit Schulen der erste logische Schritt den der Verein gehen muss. Auch können die Schüler mit attraktiven Angeboten Ehrenamtlich dort arbeiten und den Verein innovativ mit neuen Ideen unterstützen. Zudem bietet die Kooperation den Schulen neue Möglichkeiten das Thema Sport, den Schülern näher zu bringen. Sie können den Sportunterricht oder Wettbewerbe auf dem Vereinsgelände halten. Zusätzlich gewinnt der Verein nicht nur junge Mitglieder, sondern entdeckt vielleicht das ein oder andere Talent in den Reihen der Schüler.

3.4 Konkretisieru

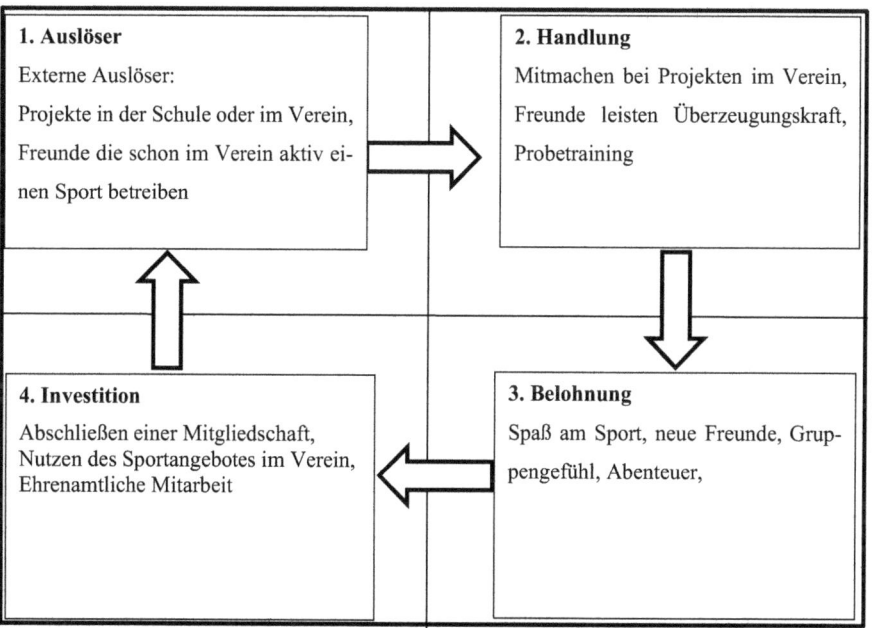

1. Auslöser	2. Handlung
Externe Auslöser: Projekte in der Schule oder im Verein, Freunde die schon im Verein aktiv einen Sport betreiben	Mitmachen bei Projekten im Verein, Freunde leisten Überzeugungskraft, Probetraining
4. Investtion Abschließen einer Mitgliedschaft, Nutzen des Sportangebotes im Verein, Ehrenamtliche Mitarbeit	3. Belohnung Spaß am Sport, neue Freunde, Gruppengefühl, Abenteuer,

Abb.3: Hakenmodell zwischen dem FC Colonia Mühlheim e.V. und den Schulen (modifiziert nach Eyal, 2014) (eigene Darstellung)

3.5 Lean Start-up Ansatz

Ein Produkt wird durch ein grob gestaltetes Konzept so schnell wie möglich auf den Markt gebracht und es wird abgewartet, wie das Feedback der Kunden ist (Startplatz, 2016). Über die Rückmeldungen der Kunden wird dann das Produkt ausgewertet und bei Gegebenheit den Kundenwünschen angepasst (Startplatz, 2016).

Hypothese 1:
Durch eine Projektwoche in der Schule verbessert sich die Digitale Präsenz des Vereins.

Da der Verein nur eine veraltete Homepage hat, kann der Club sich Ideen über eine Projektwoche in der Schule holen. Die Schüler sind jung und innovativ und kennen sich mit dem Internet aus und wie man es nutzt, um genau Kinder und Jugendliche in ihrem alter zu erreichen. Vor der Projektwoche schaltet der Verein eine Facebook und Instagram Seite und bittet die Schüler für diese drei Kanale (Facebook, Instagram und Homepage) Konzepte zu erarbeiten, um sie mit Leben zu befüllen. Durch Follower, Likes oder geteilte Beiträge kann man beurteilen, ob der Verein dadurch eine größere Reichweite generieren konnte.

Hypothese 2:
Durch eine Veranstaltung im Verein, kann man sehen für welche Sportspate die Schüler sich interessieren und welche Spate vielleicht nicht mehr so relevant für sie ist.

Als Verein, der sich auf die jüngere Generation Konzentrieren will, muss er sich klar machen, mit welcher Sportspate der Club die Kinder und Jugendlichen reizen kann. Dazu wird eine Veranstaltung mit der Schule geplant, an dem die Schüler teilnehmen und ihnen der Sport ihrer Wahl nähergebracht wird. Die Schüler müssen eine Woche vorher ankreuzen, welche zwei Sportarten sie sich anschauen möchten. So kann dann beurteilt werden, welche Sportangebote bei den Kindern und Jugendlichen beliebter sind und welche eher weniger. Bei der Veranstaltung werden Vorträge von Trainern des FC Colonia Mühlheim gehalten. Danach können die Schüler bei einem Probetraining erste Erfahrungen mit dem Sport sammeln. Somit sieht der Verein auf welche Sparten er den Fokus legen soll.

4 Literaturverzeichnis

Desbl. 2021. *Über uns.* Zugriff am 12.06.2021. Verfügbar unter:

https://desbl.de/index.php?about-us/

ESB-Online. 2020. *eSport & Tourismus: „Influencer-Reichweite wird häufig unterschätzt"* Zugriff am 12.06.2021. Verfügbar unter: https://www.esb-on-line.com/business-guides/artikel/esport-tourismus-influencer-reichweite-wird-haeufig-unterschaetzt/

Eslgaming. 2021. *ESL Meisterschaft 2021.* Zugriff am 12.06.2021. Verfügbar unter:

https://pro.eslgaming.com/deutschland/

Eslgaming. 2021. *Rückblick.* Zugriff am 12.06.2021. Verfügbar unter:

https://pro.eslgaming.com/deutschland/rueckblick/

Eslgaming. 2021. Zugriff am 12.06.2021. Verfügbar unter:

https://play.eslgaming.com/germany

Esportbasis. 2019. *Games.* Zugriff am 12.06.2021. Verfügbar unter:

https://esportsbasis.com/esport-games/

Esportbund. 2018. *Was ist eSport?* Zugriff am 12.06.2021. Verfügbar unter:

https://esportbund.de/esport/was-ist-esport/

Esports1. 2021. *eSports1 24/7.* Zugriff am 12.06.2021. Verfügbar unter:

https://www.esports1.de/

Esportwissen. 2020. eSportstudie 2020. Zugriff am 12.06.2021. Verfügbar unter:

https://www.esportwissen.de/wp-content/uploads/2020/02/Ergebnisbeschrei-bung-2020.pdf

Esports. 2021. *Barca, Bayern und Co. – Diese Fußballvereine haben eSport-Abteilungen.* Zugriff am 12.06.2021. Verfügbar unter: https://www.esports.com/de/barca-bay-ern-und-co-diese-fussballvereine-haben-esport-abteilungen-164990

Facebook. 2021. *Live Esports.* Zugriff am 21.06.2021. Verfügbar unter:

https://www.facebook.com/liveesports.gg/

Fragster. 2020. *So viele Zuschauer ziehen eSport Spiele an.* Zugriff am 12.06.2021. Verfügbar unter: https://www.fragster.de/so-viele-zuschauer-ziehen-esport-spiele-an/

Game. 2017. *BUI Fokus: eSport.* Zugriff am 12.06.2021. Verfügbar unter:

https://www.game.de/wp-content/uploads/2017/08/game_Fokus_e-Sports_2017.pdf

Givemesport. 2021. *The 10 most popular Twitch Streamerin June 2021.* Zugriff am

12.06.2021. Verfügbar unter: https://www.givemesport.com/1703847-the-10-most-popular-twitch-streamers-in-june-2021

Handelsblatt. 2018. *E-Sport wird für deutsche Konzerne zum Milliardengeschäft.* Zugriff am 12.06.2021. Verfügbar unter: https://www.handelsblatt.com/unternehmen/it-medien/videospiel-wettbewerb-e-sport-wird-fuer-deutsche-konzerne-zum-milli-ardengeschaeft/22592528.html

Ingame. 2021. *Twitch: Gaming, E-Sport, Live Events – alles über die Streaming-Plattform.* Zugriff am 12.06.2021. Verfügbar unter: https://www.ingame.de/gui-des/twitch-streaming-plattform-gamer-justin-kan-francisco-events-live-video-twitchcon-esport-rivals-13540077.html

ISPO. 2020. *Die erfolgreichsten eSport-Profis aller Zeiten.* Zugriff am 12.06.2021. Verfügbar unter: https://www.ispo.com/people/die-erfolgreichsten-esports-pro-fis-aller-zeiten

It-times. 2021. *YouTube Gaming, das steckt hinter der Streaming-Plattform für Online Spiele.* Zugriff am 12.06.2021. Verfügbar unter: https://www.it-times.de/news/y-outube-gaming-das-steckt-hinter-der-streaming-plattform-fuer-online-spiele-136309/

Newzoo. 2021. *Newzoo's Global eSport & live streaming Market report 2021l free version.* Zugriff am 12.06.2021. Verfügbar unter: https://newzoo.com/in-sights/trend-reports/newzoos-global-esports-live-streaming-market-report-2021-free-version/

Ority. 2021. Die 10 grössten deutschen eSport Teams. Zugriff am 12.06.2021. Verfügbar unter: https://de.ority.gg/blogs/esports/10-grossten-deutschen-esport-teams

Ority. 2021. *Was ist ein Clan.* Zugriff am 12.06.2021. Verfügbar unter: https://de.ority.gg/blogs/esports-glossar/clan

Ority. 2021. *Welche eSport Ligen gibt es.* Zugriff am 12.06.2021. Verfügbar unter: https://de.ority.gg/blogs/esports/welche-esport-ligen-gibt-es

Sport1. 2020. *eSport.* Zugriff am 12.06.2021. Verfügbar unter: https://www.sport1.de/tv-video/sport1/sendungen/sport119

Sportbusinessmagazin. 2019. *Mit zocken Reich werden? „Als eSport -Profi kann man sich seinen Lebensunterhalt verdienen."* Zugriff am 12.06.2021. Verfügbar unter: https://sportbusinessmagazin.at/mit-zocken-reich-werden-als-esport-profi-kann-man-sich-seinen-lebensunterhalt-verdienen/

Startplatz. 2016. *Lean Startup Methode.* Zugriff am 12.06.2021. Verfügbar unter: https://www.startplatz.de/startup-wiki/lean-startup-methode/

Statista. 2021. *Anzahl der eSport-Zuschauer weltweit in den Jahren 2019 und 2020 und Prognose für 2021 und 2024.* Zugriff am 12.06.2021. Verfügbar unter: https://de.statista.com/statistik/daten/studie/586871/umfrage/prognose-zur-anzahl-der-esports-zuschauer-weltweit/

Statista. 2021. *Gesamtpreisgelder der höchstdotierten eSport-Turniere weltweit bis April 2021.* Zugriff am 12.06.2021. Verfügbar unter: https://de.statista.com/statistik/daten/studie/261931/umfrage/preisgelder-der-hoechstdotierten-esports-turniere/

5 Abbildungs- und Tabellenverzeichnis

5.1 Abbildungsverzeichnis

5.2 Tabellenverzeichnis